AF196793

KLEINER DRECKSPATZ AURELIA

WASCH DICH DOCH MAL!

Dorothea Flechsig • Suse Bauer

Aurelia wäscht sich
nicht so gerne.

Sie mag Duschen nicht und
Baden erst recht nicht.

Wer mit Steinen, Rinde, Schlamm
und Wasser große Abenteuer spielt,
wird von ganz alleine schmutzig.

„Liebe Aurelia, du musst dich mal waschen. Sogar der größte Dreckspatz macht sich sauber!", schimpft Aurelias Papa und hält sich die Nase zu.

„Wie wäscht sich denn ein Spatz?", fragt Aurelia.

So wäscht sich der Spatz. Im Staub.

„Und wie wäscht sich ein dicker Elefant?"

So wäscht sich der Elefant. Im Schlamm.

„Und wie wäscht sich eine süße Katze?",
will Aurelia wissen.

So wäscht sich die Katze.

Mit Spucke.

„Und wie wäscht sich eine Schlange?"

So wäscht sich die Schlange. An Steinen.

„Wie wäscht sich
ein dicker, großer,
brauner Bär?"

So wäscht sich der Bär.
An Baumrinde.

„Papa, weißt du auch, wie sich ein Eichelhäher wäscht?"

So wäscht sich der Eichelhäher.
Mit Ameisenpipi.

Aurelia probiert gleich alles aus.

Sie badet wie der Spatz im Staub.

Sie wäscht sich wie der Elefant
im Schlamm.

Sie putzt sich wie die
Katze mit Spucke.

Sie reibt sich wie der Bär an Baumrinde.

Sie rubbelt sich wie die
Schlange mit Steinen.

Sie wäscht sich wie der Eichelhäher mit Ameisenpipi.

„Aua, aua!"
Aurelia rennt schnell ins
Haus. „Ach herrje!
Du meine Güte!
Liebe Aurelia,
wie siehst du
denn aus?"

„Ich muss dringend in die warme Wanne!", schreit Aurelia.

„Meine Süße, wie sauber du jetzt bist!", freut sich Aurelias Papa.

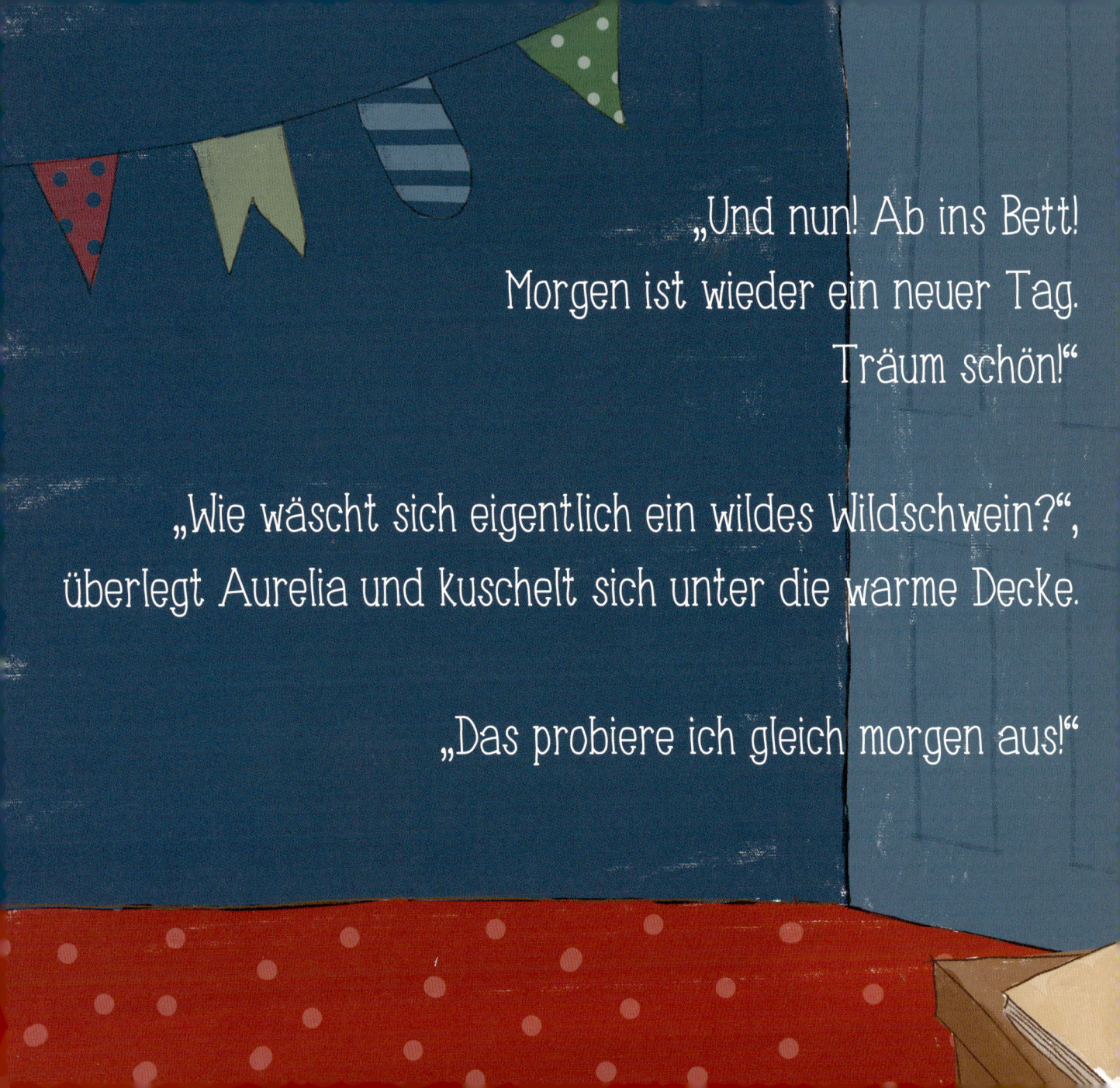

„Und nun! Ab ins Bett!
Morgen ist wieder ein neuer Tag.
Träum schön!"

„Wie wäscht sich eigentlich ein wildes Wildschwein?",
überlegt Aurelia und kuschelt sich unter die warme Decke.

„Das probiere ich gleich morgen aus!"

DOROTHEA FLECHSIG arbeitete viele Jahre als Journalistin. Eigentlich wollte sie Tierforscherin werden. Inzwischen veröffentlicht sie Geschichten für Kinder, in denen Tiere und die Natur im Zentrum stehen. Sie absolvierte eine Ausbildung zur Drehbuchautorin und unterrichtet Erwachsene und Kinder im Kreativen Schreiben. Kleine und große Tiere erkundet sie heute in ihrer Freizeit. www.dorothea-flechsig.com

ILLUSTRATION – Suse Bauer studierte freie Kunst mit Schwerpunkt Illustration in Berlin. Sie arbeitet als Illustratorin, Redakteurin und hat ihr eigenes DIY-Label. Die Berlinerin lebt mit ihrer Familie am Rand der Großstadt und lässt sich von der pulsierenden Metropole ebenso inspirieren wie von den Weiten Brandenburgs. www.revoluzzza.de

© 2017 Glückschuh Verlag, alle Rechte vorbehalten

Text: Dorothea Flechsig, Illustration: Suse Bauer, Satz: Uta Munzinger

Druck und Bindung: Print Best OÜ, Viljandi, printed in Estonia 2017

Buch: ISBN 978-3-943030-48-8

www.glueckschuh-verlag.de

WEITERE VERÖFFENTLICHUNGEN IM GLÜCKSCHUH VERLAG:

Pünktchen, das Küken

Pünktchen feiert Geburtstag

Chacha-Casha – Das kleine Chamäleon

Petronella Glückschuh – Tierkindergeschichten

Petronella Glückschuh – Naturforschergeschichten

Sandor – Fledermaus mit Köpfchen

Sandor – Abenteuer in Transsilvanien

Sandor – Not macht erfinderisch

Ritter Kahlbutz – Besuch aus der Vergangenheit